CHORON

SA VIE

ET SES TRAVAUX

PAR

JULES CARLEZ

VICE-SECRÉTAIRE DE LA SOCIÉTÉ DES BEAUX-ARTS DE CAEN

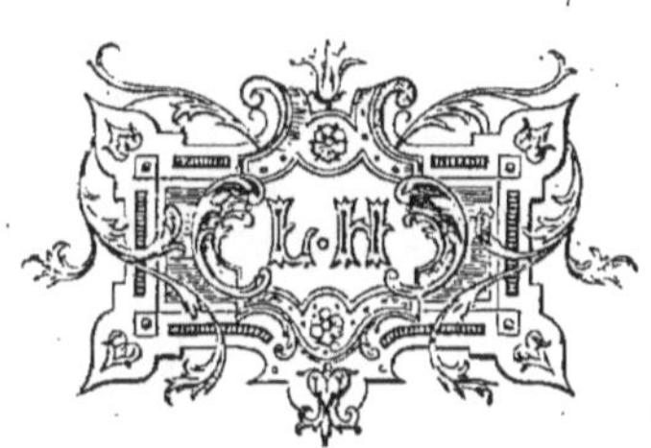

CAEN

IMPRIMERIE DE F. LE BLANC-HARDEL

RUE FROIDE, 2 ET 4

—

1882

CHORON

SA VIE

ET SES TRAVAUX

PAR

JULES CARLEZ

VICE-SECRÉTAIRE DE LA SOCIÉTÉ DES BEAUX-ARTS DE CAEN

CAEN

IMPRIMERIE DE F. LE BLANC-HARDEL

RUE FROIDE, 2 ET 4

—

1882

La Société des Beaux-Arts de Caen a ouvert, en 1881, un concours entre les sculpteurs de la ville, artistes et amateurs, pour l'exécution d'un buste de Choron, destiné à orner le foyer du Théâtre.

Le prix principal de ce concours a été obtenu par Mme Charles JACQUIER, et l'œuvre de cette dame, réalisée en terre cuite, selon les termes du programme, a été inaugurée le 30 novembre de ladite année.

C'est dans cette séance d'inauguration qu'a été lue la présente notice.

CHORON

SA VIE ET SES TRAVAUX

Ce n'est pas d'un inconnu que je viens vous entretenir. Choron, Dieu merci ! n'aura point figuré sur la liste des oubliés, liste grosse de noms que la science, l'art ou la littérature pourraient revendiquer avec honneur, et qui, bien souvent, attendent en vain l'heure de la justice. Rien de semblable n'était à craindre pour la mémoire de notre éminent compatriote : les actes de sa laborieuse carrière se rattachaient trop étroitement à l'histoire de l'art musical et de ses progrès en France, pour que l'obscurité menaçât de se faire autour de son nom. Ce qui l'en préservait encore, c'était cette auréole de sympathie dont il se trouvait couronné ; c'était cette religion du souvenir qui, même après la séparation, maintenait un lien vivace et durable entre un maître vénéré et des disciples devenus à leur tour des maîtres.

Il suit de là qu'on a beaucoup écrit sur Choron, que l'on a fait et refait le récit de sa vie, dépeint son caractère, apprécié ses travaux. Tout cela peut être recommencé pourtant : il est toujours utile de s'occuper des hommes qui ont mis toute leur application à n'être point rangés parmi les inutiles. Cette raison, et aussi l'occasion que me fournit la circonstance actuelle, m'autorisent donc à parler à mon tour du savant maître dont l'image est présente devant nous. Mon but, en retraçant sa biographie, sera surtout de préciser la personnalité artistique de Choron, de rappeler les faits marquants par lesquels cet esprit ardent et plein de zèle s'est associé au mouvement musical de l'époque, de dire enfin à ceux qui pourraient l'ignorer ou l'avoir oublié, comment le nom de notre compatriote a mérité d'être inscrit au livre d'or des musiciens.

Fils d'Étienne-Louis Choron, avocat au Parlement de Paris, directeur des fermes du Roi pour Caen et Coutances, et de Marie-Anne-Rosalie Geoffroy de Gomesnils, ALEXANDRE-ÉTIENNE CHORON naquit à Caen, le 21 octobre 1771, dans l'hôtel des Fermes, de la rue des Quais, occupé aujourd'hui par la direction des Douanes. Il passa une partie de son enfance chez son grand-père maternel, au château de Mesnil-Sauce (1) ; lorsqu'il eut atteint l'âge de sept ans, ses parents l'envoyèrent au collége de Juilly, dirigé par les Oratoriens ; il y fit de solides études et affirma, par des succès constants, sa su-

(1) Commune de Fresney-le-Vieux, arrondissement de Falaise. Le château est situé sur une colline qui domine la plaine de Caen ; M. de Gomesnils y avait planté une avenue de hêtres, dont il reste encore une partie et qui s'aperçoit de fort loin.

périorité à l'égard de ses condisciples. A quinze ans, ses humanités étant achevées, il retourna dans sa famille.

Contrairement à l'usage assez généralement suivi pour les jeunes gens de bonne maison, les parents de Choron avaient banni du programme de son éducation ce qu'on est convenu d'appeler les arts d'agrément, au grand regret de l'enfant, qui sentait déjà en lui un goût irrésistible pour la musique. Le moment était venu où cette disposition naturelle allait se manifester d'une façon impérieuse et réclamer, bon gré mal gré, une culture suivie. Les sœurs de Choron, plus favorisées que lui, recevaient des leçons de clavecin ; il prit l'habitude d'assister à ces leçons, et là, écoutant attentivement les avis du maître, il put accoutumer son oreille à la justesse des sons, au rhythme, à la mesure, et s'assimiler ainsi les premières notions de l'art qu'il aimait. Cette assiduité aux leçons de clavecin, et l'aveu que Choron dut faire des goûts qui le dominaient, furent sévèrement blâmés par son père, lequel, pour le soustraire aux incitations de cette passion artistique, trop favorisée par les loisirs de la vie de famille, le fit partir de nouveau et le plaça comme clerc chez un procureur de Paris. Suivant le désir paternel, Choron devait embrasser la carrière administrative ; il entrait, dans l'étude de M° Rohard pour se façonner à la pratique des affaires ; les leçons de la Faculté de Droit achèveraient de le détourner de ses tendances musicales.

Ces prévisions du père de Choron ne se réalisèrent pas ; le jeune homme continua d'étudier la musique en cachette ; il n'avait à sa disposition ni livres, ni instruments ; mais le soir, en rentrant de l'Opéra ou de la Comédie-Italienne, qu'il fréquentait de préférence à tout autre spectacle, il essayait de noter les airs qu'il venait d'entendre, et si d'aventure il avait pu se procurer des exemplaires imprimés de quelques-uns de ces airs, il en comparait la notation avec ce que l'audition lui avait permis de retenir dans sa mémoire; ce fut cet exercice, longtemps renouvelé, qui suppléa chez lui à l'étude du solfège. Comme il ne se livrait, d'ailleurs, qu'avec la plus grande négligence aux travaux que réclamait de lui son patron, celui-ci vit bientôt qu'il ne tirerait jamais rien d'un clerc aussi rebelle aux choses de la procédure que peu sensible aux réprimandes, et il profita de la première étourderie que Choron vint à commettre, pour le renvoyer chez ses parents.

Peu de temps après le retour de Choron à Caen, son père mourut; il fut mis alors en possession de sa part de patrimoine, et comme il s'était aliéné, par sa résistance aux projets d'avenir qui le concernaient, les bonnes grâces de sa mère elle-même, il reprit encore une fois le chemin de la capitale. C'était maintenant librement et ouvertement qu'il allait se livrer à ses études favorites. Il lut et étudia avec ardeur les ouvrages de Rameau, les *Éléments* de d'Alembert, les traités de Béthisy, Roussier et autres écrivains de cette école, et, pour mener de front la pratique et la théorie, il fit, seul d'abord, des devoirs d'harmonie, puis tenta quelques essais de composition, qu'il soumit à Grétry. Celui-ci accueillit avec bienveillance le jeune compositeur, l'engagea à se placer sous la discipline d'un maître, et lui enseigna en cette qualité l'abbé Roze, qui l'accepta volontiers pour élève. En dehors de ses études de contre-point, Choron trouva encore le temps d'apprendre l'italien et l'allemand, et se mit ainsi en mesure d'acquérir la connaissance des ouvrages théoriques produits par les deux grandes nations musicales.

Entre temps, c'est-à-dire en 1791, il se vit offrir le poste de maître de chapelle de St-Séverin et s'empressa de l'accepter ; deux ans après, les églises étaient fermées, et Choron se trouvait dépossédé de ces fonctions qu'il aimait à remplir.

Chose étrange au premier abord, mais facilement explicable, ce fut la musique qui conduisit Choron à l'étude des sciences exactes. Les théorèmes dont Rameau a rempli ses ouvrages, et qui servent de base à son système d'harmonie, l'avaient chaque fois trouvé en flagrant délit d'ignorance devant une science sans laquelle il ne lui était point permis d'approfondir et de saisir dans tous ses détails la doctrine du grand théoricien français. Il se mit donc à apprendre les mathématiques ; mais cette étude, qui n'était alors pour lui qu'accessoire, faillit en somme lui ouvrir une carrière bien différente de celle qu'il a parcourue, et dans laquelle il lui eût été tout aussi aisé de se distinguer.

L'année 1793 avait sonné ; privé, comme nous l'avons dit, de sa maîtrise de St-Séverin, exposé, par les événements qui se pressaient sans relâche, à se voir arracher de force à ses chères études, Choron songea à s'assurer une position qui lui permît de conserver quelque indépendance. Son travail personnel et les leçons de Cousin avaient fait de lui un mathématicien d'une certaine valeur ; il entra à l'École des ponts et chaussées, travailla la chimie sous Berthollet, et la géométrie avec Monge, dont il fut bientôt l'élève préféré. A la création de l'École normale supérieure, en 1795, ce célèbre savant désigna Choron comme répétiteur pour le cours de géométrie descriptive qu'il était chargé d'y professer. Il le fit admettre peu après à l'École polytechnique, elle aussi de formation toute récente, et Choron ne tarda pas à y être nommé chef de brigade. De là, il passa à l'École des mines; mais, cette fois, il n'alla pas jusqu'au terme des nouvelles études qu'il s'était imposées. Avec les événements de thermidor naissait le présage d'un régime plus paisible; sollicité de nouveau, et plus fortement que jamais, par l'art, qu'il avait quelque temps délaissé pour les sciences, Choron renonça définitivement aux projets que la force des choses, seule, lui avait fait concevoir; il quitta l'École des mines, Paris même, et vint se reposer dans son pays natal.

Ici s'ouvre dans la vie de notre personnage une phase nouvelle, assez courte d'ailleurs, et qu'on pourrait appeler : la phase provinciale de Choron. Je viens de parler de repos : pour lui, comme pour toute nature intelligente et active, il n'y avait de repos que dans le travail même. Loin de s'engourdir dans l'oisiveté, il continuera de travailler, et non-seulement à son avantage personnel, mais encore et surtout pour les autres. Il est né pour l'enseignement; l'époque qu'il traverse, le pays qu'il habite, lui montrent tout à faire sous ce rapport; la population des campagnes végète dans l'ignorance, il lui apportera, en quelque coin du moins, sa part de lumières; lui l'érudit, le brillant élève de l'École polytechnique, il se fera simple maître d'école. Il s'établit d'abord à Ste-Marie-aux-Anglais, village où depuis vingt ans sa famille possédait des propriétés (1). Ce fut là qu'en 1799 il écrivit sa *Méthode pour*

---

(1) Arrondissement de Lisieux, canton de Mézidon. Choron père avait jadis soutenu un procès au sujet de ces biens; l'arrêt rendu le 18 mars 1779, par le

apprendre en même temps à lire et à écrire, et qu'il en fit la première application ; il publia cette méthode l'année suivante, et elle eut par la suite quatre nouvelles éditions. En 1801, il transféra son école dans un bourg voisin, à St-Pierre-sur-Dives (1). Enfin, en 1802, il fonda dans la ville de Falaise, avec la collaboration de Coëssin, mais en grande partie à ses frais, un pensionnat qui fut érigé plus tard en collége communal. Pour en finir avec cette période de la vie de Choron, constatons que deux sociétés savantes de la ville de Caen, l'Académie des Sciences, Arts et Belles-Lettres et la Société d'Agriculture et de Commerce, se firent honneur de l'inscrire sur la liste de leurs membres.

Mais, ainsi qu'il le sentait lui-même, sa place était marquée ailleurs que dans ces petites localités où il venait d'allumer le flambeau de l'instruction : il revint à Paris en 1803 et y fit adopter sa méthode de lecture, dont il avait vainement tenté l'application dans sa ville natale ; le succès qu'elle obtint valut à son auteur d'être chargé, quelques années après, par le ministre de l'intérieur, de dresser les tableaux de lecture dont se sont servies depuis toutes les écoles primaires de France. Je complèterai ce que j'ai à dire au sujet des travaux de Choron en dehors de la musique, en rapportant un fait qui nous le

Parlement de Rouen, lui fut favorable. Je ne sais si la demeure de Choron, à Ste-Marie-aux-Anglais, est encore debout ; mais il en existe une vue lithographiée, signée : Eugène de Lonlay, et datant probablement des dernières années de la Restauration. La maison, assez exiguë, remonte au XVe siècle ; une tourelle au toit pointu s'élève à l'angle gauche ; la porte s'ouvre dans l'encoignure ; une fenêtre à croisillon éclaire la façade. La Bibliothèque de Caen possède un exemplaire de cette lithographie.

(1) Dans l'ancien presbytère, rue du Bosquet ou Dubosq.

montre à l'œuvre dans le haut enseignement comme dans l'instruction primaire : il avait appris jadis des prêtres de St-Séverin l'hébreu et la théologie ; quand vint la réorganisation du Collége de France, il lui arriva plus d'une fois de suppléer Audran dans sa chaire de littérature hébraïque.

Nous allons le voir à présent tirer parti du vaste savoir acquis par lui dans la théorie et l'histoire de la musique, savoir qu'il augmentera sans cesse et qu'il distribuera à son tour, soit par des publications, soit par l'enseignement direct. Il inaugura cette double tâche, en publiant, de concert avec Vincent Fiocchi, en 1804, les *Principes d'accompagnement des écoles d'Italie*. Je ne connais pas ce premier ouvrage de Choron ; Fétis en a blâmé le caractère éclectique ; les doctrines fort différentes qu'on y rencontre y sont conciliées, dit-il, avec plus d'adresse que de raison. Évidemment, le but des auteurs était de résumer dans un seul et même livre les préceptes successivement posés par les principaux harmonistes italiens ; au point de vue critique et historique, la pensée était bonne ; sous le rapport de la pratique, l'utilité de l'ouvrage était plus contestable. Nous verrons, du reste, se reproduire ce double caractère dans quelques autres publications de Choron.

En 1806, il s'associa avec une des principales maisons d'édition musicale de Paris, la maison A^te Leduc. Comme on le suppose bien, cette association, dans laquelle il apporta sa fortune tout entière, loin de répondre à une pensée mercantile, n'avait pour but, au contraire, que de lui faciliter les moyens de remettre en lumière les chefs-d'œuvre de l'art musical et de la littérature qui s'y rapporte. Il entreprit d'abord la publication par livraisons des plus belles œuvres de chant classique choisies dans les différentes écoles, mais surtout dans l'école italienne. Tour à tour, les compositions de Josquin Deprès, Goudimel, Palestrina, Lotti, Carissimi, Leo, Jomelli, Porpora, furent offertes aux amateurs et aux artistes français, dont un trop grand nombre ignoraient jusqu'aux noms de ces maîtres éminents. En 1808, Choron fit paraître les *Principes de composition des écoles d'Italie*, trois volumes in-folio, renfermant plus de 1,500 planches, parmi lesquelles figurent tous les exemples donnés par Nicolas Sala dans ses *Regole del contrappunto*. Là encore, l'éclectisme de Choron se donne carrière; il associe aux maîtres italiens, Sala, Martini et autres, l'allemand Marpurg, dont il reproduit le Traité de fugue (1); puis il complète lui-même cette volumineuse compilation par une méthode d'harmonie et de contre-point, et par quelques chapitres intéressants et substantiels, soit sur l'union de la musique avec les paroles, soit sur l'acoustique, soit enfin sur l'histoire de l'art.

Passer de là à l'élaboration d'un ouvrage biographique, c'était opérer une transition des plus naturelles. Choron se trouve cette fois en communauté de pensées avec un de ses anciens condisciples de l'École polytechnique, F.-J. Fayolle, qui, depuis quelque temps déjà, amassait des matériaux pour un travail de ce genre. De leur collaboration naquit le *Diction-naire historique des musiciens*, dont le premier volume parut en 1810, et le deuxième en 1811. La part de Choron dans ce travail, ne se compose, il est vrai, que du *Sommaire de l'histoire de la musique*, placé en tête de l'ouvrage, et d'un

____

(1) D'après la traduction française publiée à Paris en 1756.

petit nombre d'articles ; le reste est l'œuvre exclusive de
Fayolle.

Les travaux de Choron, ses vues élevées, attestées par
l'importance de ses publications et par le caractère vraiment
artistique de celles qui intéressaient spécialement la musique
pratique, avaient attiré sur lui l'attention du monde savant ;
il ne lui fut donc pas difficile, lorsque Framery vint à mourir,
en novembre 1810, de parvenir au fauteuil de membre correspondant qu'occupait celui-ci à l'Académie des Beaux-Arts.
Comme Framery, dont il était le compatriote, il apporta à
ses confrères le concours d'un esprit sérieux et d'une plume
active ; comme lui, il fut chargé de la plus grande partie des
rapports à faire sur les questions ou les ouvrages soumis à
l'Académie ; comme lui enfin, il remplit les fonctions d'un
véritable académicien titulaire, et fut traité comme tel par
ses collègues.

Les dernières années de l'Empire virent finir l'association que
Choron avait formée avec la maison Leduc, et dans laquelle il
avait apporté, comme je l'ai dit, tout son patrimoine. Les frais
énormes qu'entraînaient les publications entreprises par ce
savant trop désintéressé, ne se trouvant jamais couverts par
le montant des ventes ou des souscriptions, avaient absorbé
peu à peu toute sa fortune ; il dut même recourir à la bourse
d'un ami pour combler l'important déficit résultant de la liqui-
dation. Ce désastre ne lui enleva rien de son activité ni de
son zèle pour le bien de l'art musical. Chargé depuis 1810
de préparer la réorganisation des maîtrises diocésaines, il avait
mené à bonne fin ce travail, dont l'exécution se trouva sus-
pendue par suite des événements politiques ; en revanche, le

ministre des cultes, Bigot de Préameneu, nomma Choron directeur de la musique des fêtes et cérémonies religieuses, poste honorable, mais qui lui attira quelques ennuis, d'abord de la part de certains artistes, froissés de voir méconnus, par cette nomination, les droits que semblaient créer pour eux leur talent, leurs œuvres et leur renom ; d'un autre côté, les fonctions de Choron exigeant une certaine habileté pratique, devaient le trouver assez souvent en défaut, lui dont l'éducation musicale avait été si tardive et si irrégulière ; et son amour-propre en souffrait d'autant plus que les défaillances du chef ne pouvaient échapper à l'attention des exécutants, en général plus aguerris que lui. Il se façonna néanmoins à cette besogne, et acquit peu à peu l'habitude de diriger les masses : l'occasion lui en fut surtout donnée lorsque, vers la même époque, il eut établi un ensemble de cours publics et gratuits, qu'il décora du nom d'*École normale de musique* (1); c'est là qu'il fit le premier essai de sa *Méthode concertante*, dont il sera question plus loin.

Quant aux artistes chez lesquels il avait, sans le vouloir, excité des sentiments de jalousie, il s'en fit bientôt des ennemis déclarés, et cela par la publication de quelques écrits dans lesquels, tout en exposant ses idées en matière d'enseignement musical, il attaquait le Conservatoire d'une façon assez acerbe. Ces petites manifestations d'hostilité ne furent peut-être pas étrangères au refus que fit l'Académie des Beaux-Arts de recevoir Choron comme membre titulaire de la section de théorie musicale, qui venait d'être créée et qui fut supprimée

____

(1) Le local était situé cour de Rohan, carrefour de Bucy.

dès 1815. Il demeura donc simple membre correspondant ; mais le dépit qu'il en ressentit l'éloigna désormais des réunions de l'Académie.

Mais bientôt de nouveaux soins allaient réclamer tous ses instants. L'Empire avait fait place au gouvernement de la Restauration ; le contre-coup des bouleversements politiques s'était fait sentir jusque dans nos grands théâtres ; l'Opéra venait d'entrer sous la gérance de la liste civile ; Choron en devint le régisseur général, titre qui équivalait en somme à celui de directeur, sauf le droit de surveillance exercé par le surintendant des menus-plaisirs, Papillon de La Ferté (1).

Il profita immédiatement de la situation élevée à laquelle il venait d'être appelé pour demander le rétablissement du Conservatoire, supprimé récemment ; il rédigea à ce propos un projet d'organisation limitant les dépenses à 38,000 fr. Ce projet ne fut pas adopté ; Choron dressa alors un second plan, qui reçut cette fois l'approbation ministérielle, et l'établissement fit sa réouverture le 1ᵉʳ avril 1816, sous le titre d'*École royale de musique*. Choron apporta dans la direction de notre premier théâtre lyrique cette activité qui présidait à toutes ses occupations. Il mit en scène sept ouvrages nouveaux, dont trois opéras et quatre ballets (2). Le public accueillit avec

(1) En novembre 1815.

(2) En voici la liste : 1° *Flore et Zéphire*, ballet, 3 actes, musique de Venua ; 2° *Le Carnaval de Venise*, ballet-pantomime, 2 actes, Persuis et Kreutzer ; 3° *Le Rossignol*, opéra, 1 acte, Le Brun ; 4° *Les Dieux rivaux ou les Fêtes de Cythère*, opéra-ballet, 1 acte, Spontini, Persuis, Berton et Kreutzer ; 5° *Nathalie ou la Famille russe*, opéra, 3 actes, Reicha ; 6° *Les Sauvages de la mer du Sud*, ballet, 1 acte, F.-G. Lefebvre ; 7° *Roger de Sicile ou le Roi troubadour*, opéra, 3 actes, Berton.

faveur quelques-uns de ces ouvrages, et notamment *le Rossignol*, de Lebrun, dont le succès atteignit des proportions extraordinaires, et qui s'expliquent moins par la valeur assez contestable de la partition, que par le talent des artistes qui l'interprétaient. Assurément, il fallut de puissantes raisons pour décider Choron, l'admirateur des maîtres classiques et le zélé propagateur de leurs chefs-d'œuvre, à produire un ouvrage absolument en dehors des traditions de style et de goût en honneur à l'Opéra ; et comme Castil-Blaze (1), on penserait volontiers qu'il eut la main forcée en cette circonstance.

En dehors de ces nouveautés, Choron remit au répertoire une douzaine d'ouvrages anciens. Il s'imposa une tâche plus ardue avec les réformes qu'il tenta d'introduire dans les habitudes du théâtre. D'une part, afin d'éviter l'accaparement de la scène par les compositeurs en renom et faciliter aux jeunes artistes les moyens de se produire, il fit décider qu'un certain nombre de livrets en un acte seraient mis à la disposition de ceux-ci. Cette mesure fut critiquée : l'Opéra, disait-on, ne doit pas être considéré comme un théâtre d'essai, accessible au premier venu ; du reste, il n'y eut rien de fait sous ce rapport. Mais où Choron éprouva les plus vives résistances, ce fut lorsqu'il voulut porter la main sur le régime intérieur du théâtre, réprimer les abus qui se commettaient journellement, soumettre à une discipline équitable, mais sévère, chanteurs, musiciens et employés, réglementer les divers services, mettre de l'ordre enfin partout où ne régnait que la

(1) *L'Académie impériale de musique*, t. II, p. 148-149.

confusion. Sa fermeté eut raison pendant quelque temps de l'esprit rebelle de ses administrés ; mais il avait affaire à forte partie, et ce fut précisément pour s'être montré trop rigide qu'il succomba. Dès les premiers mois de l'année 1817 , il reçut purement et simplement sa révocation , et il céda à Persuis des fonctions qui ne lui convenaient point, il faut bien l'avouer, mais qu'en tout cas il avait remplies avec autant de zèle que d'honnêteté. « L'administration de l'Opéra , au temps de la direction de Choron , dit Fétis, n'a pas été exempte de blâme ; mais quoi qu'on en ait dit, on ne peut nier qu'elle a eu le mérite d'être la moins coûteuse et la plus productive. »

Choron ne tarda pas à recevoir une compensation à la disgrâce qui venait de l'atteindre ; un arrêté ministériel du 23 avril 1817, en créant sous le titre d'*École primaire de chant* ce qu'on a appelé depuis le pensionnat du Conservatoire, lui en confiait la direction. C'était le placer cette fois sur son véritable terrain , celui où sa renommée pouvait s'implanter par de fortes racines, grandir et s'étendre. Citons encore Fétis à ce sujet : « La nouvelle carrière où Choron était entré devait lui fournir l'occasion de déployer des facultés qu'on ne lui connaissait point encore ; facultés d'un ordre élevé et qui étaient en lui toutes d'instinct. Ce n'est pas seulement par une activité peu commune qu'il se distingua comme chef d'une institution musicale, son âme ardente y sut communiquer à ses élèves un amour de l'art et un sentiment du beau, qui n'existent pas à un degré si élevé dans des écoles plus renommées. Doué d'une sagacité singulière qui lui faisait discerner au premier coup d'œil les enfants bien organisés pour la musique, il n'était pas moins habile à faire comprendre ses intentions aux individus qu'aux masses.... »

L'École primaire du Conservatoire reçut d'abord dix élèves de six à treize ans; on y joignit, en 1819, une classe d'adultes, destinée à former des choristes pour l'Opéra; le nombre en fut fixé à douze. Choron se mit à l'œuvre avec son ardeur accoutumée; à diverses reprises, il parcourut la France, du nord au midi, voyageant souvent à pied, bravant le mauvais temps et les mauvais chemins, vivant avec économie, tout cela pour recruter des voix, et tenir au complet, avec les meilleures chances de succès, le personnel de son école. Il forma celui-ci à l'aide de sa fameuse méthode concertante, une de ses plus ingénieuses créations, et celle qui donne la mesure la plus complète de ses aptitudes professorales. L'emploi de cette méthode permet au professeur d'enseigner simultanément la musique à un nombre quelconque d'élèves, quel que soit le degré d'avancement de chacun d'eux; rien d'empirique, d'ailleurs, dans les procédés employés; rien qui ne démontre, au contraire, une conception absolument logique, réalisée avec habileté. Qu'importent les quelques fautes relevées dans l'harmonie du maître par des puristes rigides! Faire que des exécutants de force différente puissent chanter côte à côte, et pour cela enlacer les rhythmes simples avec les rhythmes complexes, imposer à tel groupe d'élèves les valeurs longues et les intonations élémentaires, à tel autre les successions de notes rapides et les intonations difficiles, réunir le tout dans un ensemble harmonieux, et favoriser enfin les progrès du plus faible par ce contact intime avec le plus fort, n'est-ce pas là une dépense de génie suffisante pour racheter quelques incorrections de rédaction ?

Choron avait donné, dès 1815, une première édition de sa Méthode ; il la réédita en 1817 et 1818, et publia en même temps quelques autres ouvrages d'enseignement. Sa nature laborieuse ne fléchissait sur aucun point, et pourtant que d'obstacles il avait à surmonter parfois ! Que de mauvais vouloir il rencontrait sur sa route ! Dès 1819, il était question de supprimer l'école. L'année suivante, le jury d'examen, composé de Lesueur, Cherubini, Berton, Boieldieu, Viotti et Paër, déclara qu'elle était aussi inutile que dispendieuse, que les résultats en étaient incertains, et qu'il y avait lieu de la fermer. Fort heureusement, cet avis ne fut pas écouté ; au contraire, on porta à 24,000 fr. le crédit alloué à l'école, lequel avait été tout d'abord de 12,000, puis de 21,000 fr. Choron, plaçant selon son habitude les intérêts de l'art avant les siens propres, avait, dès le premier moment, enfreint le règlement, qui ne lui accordait que douze pensionnaires ; ceux qu'il recevait en plus étaient, cela va sans dire, entretenus à ses frais (1). En groupant autour de ce noyau, solidement éduqué, un certain nombre d'adultes et d'enfants, également formés à ses leçons, il parvint à constituer un excellent ensemble choral, qu'il fit entendre à plusieurs reprises et avec grand succès. La croix de la Légion-d'honneur, qui lui fut remise à cette époque, sur la proposition de M. de Lauriston, ministre de la maison du roi, vint apporter à ses féconds labeurs une digne récompense. En 1822, il fut chargé d'organiser, puis de diriger le pensionnat des élèves-femmes,

____

(1) Par suite de la mort de sa mère, en 1816, Choron avait retrouvé une partie de l'aisance que lui avait enlevée naguère son entreprise commerciale.

annexé au Conservatoire ; mais le moment approchait où sa situation personnelle allait prendre une tout autre importance.

L'avénement, en 1825, du vicomte Sosthène de La Rochefoucauld à la direction des Beaux-Arts fut marqué par un acte éclairé et vraiment utile : la création de l'Institution royale de musique religieuse. Cet administrateur intelligent avait saisi la divergence profonde qui existait, quant au but poursuivi, entre le Conservatoire et l'École primaire de chant. Le premier travaillait exclusivement pour le théâtre ; les vues étaient plus larges dans la seconde, et elles portaient en même temps la marque de cet esprit investigateur, qui faisait de Choron l'admirateur du passé aussi bien que le pionnier de l'avenir. Séparer les deux institutions, donner à chacune d'elles sa vie propre, ce fut là, je le répète, un acte éminemment utile. Libre désormais dans ses allures, muni d'une subvention dépassant 45,000 francs, Choron put marcher résolûment vers son but, mener de front l'enseignement et les grandes exécutions musicales qui en attestaient les résultats, parvenir enfin à l'apogée de sa gloire (1).

Choron conserva pour son école le local même de la rue de Vaugirard, où, depuis 1824, avait été transféré le pensionnat masculin du Conservatoire. Procédant à une sage répartition du temps, il en employa une partie aux leçons de solfège, de chant, d'harmonie ou de musique instrumentale, données par lui-même ou par les maîtres et les répétiteurs qu'il avait formés.

____

(1) Cette brillante période de la vie de Choron mériterait d'être racontée d'une façon plus étendue ; obligé de me restreindre, j'ai dû la retracer à grands traits, me contentant de renvoyer le lecteur désireux de détails plus complets au remarquable *Éloge* de L.-E. Gautier.

Le reste fut utilisé pour l'étude des œuvres religieuses et classiques, empruntées aux écoles d'Allemagne et d'Italie ; c'est là que le maître déployait une ardeur sans pareille, c'est là qu'avec la force de persuasion qui était en lui, il s'ingéniait à faire comprendre à ses élèves ce que lui-même avait su deviner : le caractère intrinsèque d'une œuvre du passé, les conditions de style, de nuances et d'expression que son exécution réclame ; conditions différentes, bien entendu, selon le temps et selon les maîtres. Choron montra dans l'accomplissement de cette tâche des qualités supérieures, et son esprit pratique eut raison de difficultés qui eussent paralysé les bonnes intentions de plus d'un.

Il importait maintenant d'initier le public aux beautés de cette musique, jusqu'alors lettre-morte pour lui ; dans cette intention, Choron fit bâtir à ses frais une salle de concerts, dont l'inauguration eut lieu, en 1827, devant l'élite de la société parisienne. Deux fois par mois, pendant quatre années, tout ce que la capitale comptait d'artistes et de *dilettanti* se porta avec un zèle enthousiaste vers la salle de la rue de Vaugirard. Là régnaient à la fois Palestrina et Hændel, Carissimi et Haydn, Allegri et Mozart; là, nos vieux musiciens français, Nicolas Gombert, Clément Jannequin, et leurs émules, furent ressuscités et révélés à un auditoire dont les connaissances en archéologie musicale remontaient tout au plus à Rameau ou à Philidor. Ces magnifiques exécutions, préparées avec tout le soin possible, exercèrent une influence salutaire sur l'éducation des artistes et sur le goût du public; elles consolidèrent en quelque sorte l'Institution royale de musique religieuse et portèrent au loin sa réputation; en province, des écoles se fondèrent sur le modèle de celle-ci, et la ville natale du maître fut la première à donner l'exemple (1); des professeurs formés aux leçons de Choron allèrent répandre sur divers points de la France les principes théoriques qui formaient la base de son enseignement et les traditions élevées qui en étaient le couronnement. Sur le terrain par lui ensemencé, la récolte, on peut le dire, se montrait abondante (2).

Choron faisait encore entendre d'excellente musique dans l'église de la Sorbonne, où depuis 1825 il exerçait les fonctions de maître de chapelle. Plus d'une fois aussi il dut faire avec ses élèves quelque excursion en province, où leur concours était réclamé, soit pour un concert, soit pour une cérémonie religieuse. Appelé un jour à Chartres par un de ses amis, qui

(1) Dans un rapport adressé à la Société philharmonique du Calvados par son secrétaire, M. Bunel, on lit ceci : « M. CHORON, l'un de vos membres correspondants, nous a promis de venir à Caen, sa ville natale, organiser cet établissement (l'école de musique dont il est parlé précédemment); il nous laissera un de ses meilleurs moniteurs, et comme l'un des grands avantages de sa belle méthode est la rapidité de l'instruction, vous devrez avoir obtenu des résultats avantageux avant la fin de l'hiver. » Le moniteur annoncé, M. Guerrier, vint à Caen en janvier 1829: il fut suivi un peu plus tard de M. de Saint-Germain, qui devint directeur du Conservatoire fondé par lui dans cette ville, et auquel l'école Choron fournit deux autres professeurs : Gervais-Fromain et Paul Nicolas.

Les musiciens caennais comptent encore aujourd'hui dans leurs rangs une élève de Choron, Mlle Brun, professeur de chant.

(2) L'admiration que Choron professait pour les anciens maîtres n'était pas tellement exclusive qu'elle le rendît indifférent aux travaux des artistes contemporains; loin de là, les plus jeunes et les moins connus d'entre eux, pourvu qu'il ait reconnu en eux des musiciens d'avenir, pouvaient compter sur son appui, témoin ce fragment d'une lettre de Berlioz, datée de la fin de 1828 :

« Je travaille dans ce moment-ci pour les concerts de M. Choron; celui-ci m'a demandé un oratorio pour des voix seules avec accompagnement d'orgue; j'en ai déjà fait la moitié, et je pense qu'il sera exécuté d'ici à un mois et demi; cela me fera un peu connaître dans le faubourg Saint-Germain » (Hector Berlioz, *Lettres intimes;* Paris, Calmann Lévy, 1882).

s'occupait d'organiser un concert au bénéfice des victimes d'un incendie, Choron emmena avec lui quatre élèves seulement : Duprez, Hippolyte Monpou, Molinier et Guerrier (1); on leur fit une réception splendide, et le concert, dont ils défrayèrent presque à eux seuls le programme, produisit une recette d'environ 10,000 francs.

Ce fut là le bon temps de la vie de Choron, temps bien employé, mais trop tôt limité par de nouveaux revers. En novembre 1830, Catel étant venu à mourir, Choron crut devoir briguer sa succession à l'Académie des Beaux-Arts ; il fit paraître à ce propos, sous le titre : *Motifs d'éligibilité*, etc., un petit écrit dans lequel, en homme fort de sa valeur et pénétré du caractère d'utilité qu'il avait toujours imprimé à ses travaux, il faisait valoir ses titres au fauteuil d'académicien titulaire. Sa nomination eût effacé en quelque sorte le passe-droit dont il avait été victime quinze ans auparavant ; mais que pouvait-il espérer, alors que son compétiteur le plus sérieux apportait dans la balance un lourd fardeau de partitions dramatiques ? Ce fut donc Paër qui l'emporta. Le coup atteignit surtout l'amour-propre de Choron : bien autrement désastreuses furent pour lui les réformes budgétaires amenées par la Révolution de Juillet. La suppression des crédits alloués, tant à la maîtrise de la Sorbonne qu'à l'Institution de musique religieuse, ne tarda pas, en effet, à être prononcée. Choron reçut une pension de retraite de 12,000 fr., dans laquelle il ne voulut voir que la continuation de l'ancienne subvention, réduite des trois quarts. On l'autorisa à poursuivre ses cours ; mais l'établisse-

______
(1) C'est de celui-ci que je tiens ces détails.

ment changea de nom et devint tout simplement l'*École de musique classique.*

Loin de se laisser abattre par ce vent d'orage qui venait encore une fois de se déchaîner sur lui, Choron procéda à une nouvelle organisation en rapport avec le modeste budget qui lui était désormais alloué ; il réduisit à douze le nombre de ses pensionnaires non payants ; puis il reprit ses classes et ses exercices publics, lesquels furent suivis autant que jamais. Non content d'avoir organisé à Paris de grandes solennités musicales, où l'art classique avait toujours le pas, il entreprit, en 1832 et 1833, plusieurs voyages dans les départements de l'Ouest, visitant de préférence les villes épiscopales, groupant en chœurs les élèves des séminaires, traçant ici l'ébauche d'une maîtrise, donnant ailleurs la première main à l'établissement d'une école de chant d'ensemble. Il acheva de perdre dans ces dernières pérégrinations le peu de santé que lui avaient laissé des travaux multiples, accomplis sans relâche. Atteint au mois de janvier 1834 d'une inflammation intestinale, compliquée de pleurésie, il se vit immédiatement forcé de s'aliter ; le printemps venu, on le transporta dans l'asile de Ste-Perrine, à Chaillot ; ce fut là qu'il s'éteignit, en pleine connaissance, le 24 juin, au soir. Il laissait, du mariage qu'il avait contracté en 1809, deux enfants : un fils, qui a suivi la carrière universitaire, et une fille, mariée à M. Nicou, un de ses meilleurs élèves.

Dans le récit que je viens de faire de la vie de Choron, j'ai négligé, sauf en un seul cas, de parler de ses travaux de composition ; c'est là, sans doute, la partie la moins importante de l'œuvre accomplie par cet homme éminent ; elle mérite pourtant qu'on s'y arrête un peu. De bonne heure, Choron éprouva le besoin d'écrire ses inspirations musicales ; j'ai déjà dit comment ses premiers essais de composition avaient été encouragés par Grétry. Ce qu'il livra d'abord à la publicité, ce furent des romances, des airs de vaudevilles, conçus selon le goût de l'époque. Une de ces œuvres légères, *La Sentinelle*, devint rapidement populaire ; c'était sous l'Empire, au moment où commençait à fleurir le genre *troubadour* ; Choron sut donner à la romance de Brault ce ton chevaleresque, cette tournure martiale, et en même temps ce grain de sentimentalité qui faisaient la fortune des pièces de ce genre. Il s'essaya aussi dans la composition dramatique, et nous savons qu'à l'époque où il fut nommé correspondant de l'Institut, c'est-à-dire en 1810, il avait sur le chantier une ou deux partitions d'opéra ; obéissant alors aux conseils que lui donnèrent ses nouveaux collègues, il cessa d'y travailler, afin de pouvoir s'adonner exclusivement à la théorie et aux études historiques.

Celles des compositions de Choron dont il faut plus particulièrement tenir compte se rattachent directement à son œuvre professorale, et appartiennent pour la plupart au genre religieux. Je citerai tout d'abord le *Choix de cantiques à trois voix*, contenant soixante-quatre pièces. La mélodie, en général, y est chantante et facile ; à côté de quelques morceaux d'un goût un peu banal, on en remarque beaucoup d'autres qui se distinguent par la nouveauté du dessin et la beauté d'expression : par exemple, le cantique *Grâce, grâce, suspends l'arrêt de tes vengeances*, traité d'une manière très-large, et dans lequel le ton suppliant s'allie à une certaine noblesse d'idées ; *Quel feu s'allume dans mon cœur !* brillant et plein d'éclat ; *Les cieux instruisent la terre*, gracieux type d'une forme syllabique affectionnée par le musicien.

En composant pour l'église, Choron s'est surtout attaché à donner à ses ouvrages un caractère d'utilité pratique ; de là leur simplicité de facture, jointe pourtant à une certaine sévérité de formes ; l'aspect général de cette musique peut se définir ainsi : le style classique rendu facile d'exécution. Choron écrivait non-seulement pour sa maîtrise de la Sorbonne, mais encore pour les chœurs paroissiaux de Paris et de la province, peu nombreux alors et surtout peu expérimentés. Leur répertoire était encore, pour ainsi dire, à créer ; il l'alimenta par des compositions appropriées de tout point à leur but, et qu'on louerait davantage si l'on y rencontrait moins de ces incorrections harmoniques, de ces négligences grammaticales et de ces fautes de goût, fruits d'études trop hâtives et d'une pratique incomplète. En dépit de ces taches, il est certaines des œuvres religieuses de Choron qui méritent d'être citées : en premier lieu, les *Quatre antiennes à la Sainte-Vierge*, notamment l'*Ave regina*, si recueilli, et le *Regina Cœli*, si joyeux ; puis le *Stabat*, à trois voix, la *Messe brève en ut majeur*, un *Magnificat*, plusieurs motets, parmi lesquels un *Ave verum*, un *Sub tuum* en canon, le *Sacerdos et Pontifex*, etc. Par sa musique d'église, bien conçue et mise à la portée de tous, Choron, je le répète, s'est montré novateur et musicien pratique ; c'est là ce qui lui crée une sorte d'originalité en tant que compositeur.

Mais, étudiée sous d'autres aspects, sa personnalité s'accuse d'une façon autrement grande et intéressante. Comme théoricien, indépendamment de quelques ouvrages personnels sur les premiers principes ou sur la composition musicale, les musiciens français lui doivent d'avoir pu élargir le cercle de leurs connaissances, limité jusqu'alors aux systèmes d'harmonie de Rameau, Langlé ou Catel. Tour à tour, il traduisit et annota pour eux les traités de Marpurg, Koch, Albrechtsberger, Sala, Azopardi, Fenaroli, etc., qu'il fit paraître séparément ou qu'il inséra dans le *Manuel de musique vocale et instrumentale*, dont il avait entrepris la rédaction, un peu avant 1830, sur la demande du libraire Roret, et qui fut achevé et publié d'après son plan et ses propres documents par Adrien de La Fage. Il est néanmoins regrettable que Choron ne se soit pas décidé à prendre plus franchement sa place à côté des musicologues dont il se faisait l'éditeur et le commentateur ; ses vastes études, l'universalité de ses connaissances, son esprit de logique et de méthode, tout lui en donnait le droit. Il eut longtemps, il est vrai, la pensée de mettre au jour un exposé complet de ses pensées personnelles sur les diverses parties de la science musicale ; il écrivit même les deux premiers chapitres de cet ouvrage qu'il devait intituler : « Introduction à l'étude générale et raisonnée de la musique » ; puis d'autres soins vinrent le détourner de ce travail, auquel il songea sans cesse, mais que ses occupations multiples l'empêchèrent de reprendre.

L'histoire de la musique n'a inspiré à Choron qu'un petit nombre d'écrits, mais desquels on ne saurait contester la valeur. Ses notices sur Josquin Deprés, Palestrina et autres grands musiciens, annexées aux livraisons de la Collection

générale des œuvres de musique classique, avaient alors toute
la saveur de la nouveauté. Son *Esquisse historique des progrès
de la composition*, insérée dans les *Principes de composition des
Écoles d'Italie*, est infiniment supérieure, pour le fond et la
forme, aux compilations de Bourdelot, Blainville ou Laborde.
Un travail du même genre, mais plus étendu, fut placé par
Choron en tête du *Dictionnaire des musiciens*, sous le titre :
Sommaire de l'histoire de la musique (1). Là encore, le cadre
est étroit, mais que de choses instructives s'y trouvent con-
densées ! Quel ordre parfait dans le groupement et dans
l'enchaînement des diverses matières ! Et surtout que d'aperçus
nouveaux, que d'erreurs relevées, que de faits constatés pour
la première fois, et passés maintenant dans le domaine public !
Pour n'en citer qu'un, n'est-ce pas Choron qui, le premier,
a signalé les innovations introduites dans la pratique du
contre-point par Monteverde, à l'époque où s'établissait lente-
ment le nouveau système tonal, dont elles n'ont point amené
la création, comme on l'a dit, mais à l'affermissement duquel
elles ont notablement contribué ?

Si estimables que soient ces travaux du musicographe,
Choron ne leur doit cependant qu'une partie de sa renommée,
acquise surtout par les labeurs complexes du professorat. Ses
vrais titres de noblesse, ce sont les ouvrages élémentaires où
il a consigné ses procédés d'enseignement ; c'est sa *Méthode
concertante*, œuvre ingénieuse et dont l'emploi lui permettait de
faire à la fois vite et bien ; c'est la préparation et la réali-

---

(1) Ad. de La Fage l'a reproduit en entier dans le *Manuel de musique vocale et
instrumentale*, IIIe partie, tome II.

sation de ces *Exercices publics*, où tant de chefs-d'œuvre
ignorés reprirent vie, aux applaudissements de la foule ; ce
sont enfin et surtout ces élèves nombreux, dont il avait fait
des gens de goût autant que d'habiles musiciens, et qui,
soit dans l'enseignement, soit dans la carrière du compositeur
ou du chanteur, se sont montrés constamment fidèles aux
leçons du maître. On en jugera par cette liste de choix, liste
qu'il eût été aisé de grossir, même en s'en tenant à l'énoncé
des noms ayant acquis une véritable notoriété : MM. Dietsch,
Falandry, Le Prévost, Monpou, Nicou-Choron, compositeurs ;
Canaple, Delsarte, Devilliers, Duprez, Grosset, Jansenne,
Lemonnier, Malliot, Marié, Mocker, Molinier, Wartel, Wer-
melen, chanteurs ou professeurs de chant ; Valiquet, pianiste ;
Labro, contre-bassiste ; Adrien de La Fage, Scudo, littéra-
teurs-musiciens, etc., etc. MM^mes Boulanger-Kunzé, Dietsch-
Saré, Duprez, née Duperron, Louise Flécheux, Hébert-Massy,
Marneff, Clara Novello, Stoltz, etc., etc., cantatrices ou pro-
fesseurs de chant. Enfin, Rachel Félix, la grande tragédienne,
dont Choron avait pressenti la gloire future, et qu'il posséda
pendant trois ans dans son école, en compagnie de sa sœur
Sarah.

Entre Choron et ses disciples, il s'était formé un lien étroit,
lien d'affection de part et d'autre, mais en même temps d'eux
à lui, lien d'admiration pour ses nobles facultés d'artiste et ses
qualités d'homme privé. Tous savaient à quoi s'en tenir sous
ces deux rapports, tous savaient admirer, ainsi que l'a dit
excellemment l'un d'eux (1) : « cette rare pénétration qui lui

____

(1) Adrien de La Fage, *loc. cit.*

faisait saisir d'un coup d'œil et embrasser dans tous ses détails la proposition la plus compliquée ; cette sensibilité profonde pour les chefs-d'œuvre de l'art ; ce jugement si sain, cette expression si juste et si précise ; cette facilité à émouvoir tout ce qui l'entourait et à faire passer les sentiments de son âme brûlante dans celle de ses disciples » ; puis d'autre part : « ce cœur excellent, cette âme compatissante à toutes les douleurs, accessible à toutes les généreuses impressions ; ce caractère si franc, si habitué à se manifester à tout venant, cette simplicité de manières, cette conversation si pleine d'idées, toujours vraies et toujours neuves, soit par le fonds, soit par les couleurs dont il avait l'art de les revêtir ; ces emportements si délicieux quand on n'était pas de son avis, et qui lui faisaient accumuler les raisonnements, les images, les citations que son excellente mémoire et ses immenses lectures tenaient toujours à sa disposition. »

Ces élèves d'un maître si heureusement doué, ils personnifient, dans leur ensemble, la plus complète et la meilleure de ses œuvres ; c'est par eux que sa participation au mouvement musical de notre siècle s'est affirmée d'une manière puissante et féconde ; c'est surtout par eux, c'est par le souvenir qu'eux-mêmes auront laissé que son nom vivra.

APPENDICE.

CATALOGUE DES OUVRAGES DE CHORON.

1° Ouvrages théoriques et d'enseignement. — 1° Méthode pour apprendre en même temps à lire et à écrire. *Paris, l'auteur, 1800.* Il y en a eu quatre autres éditions. — 2° Principes d'accompagnement des écoles d'Italie (avec Fiocchi). *Paris, Imbault, 1804;* in-fol. — 3° Principes de composition des écoles d'Italie. *Paris, Leduc, 1808-1809;* 3 vol. gr. in-fol.; 2° éd. en 1816, 6 vol. Les « Règles du contre-point pratique » de Sala, et le « Traité de fugue et de contre-point » de Marpurg, insérés dans cette publication, ont été réédités séparément. — 4° Méthode élémentaire de musique et de plain-chant à l'usage des séminaires et des maîtrises des cathédrales. *Paris, Courcier, 1811;* in-8°. — 5° Méthode de plain-chant à l'usage des écoles primaires. — 6° Traité général des voix et des instruments d'orchestre, et principalement des instruments à vent, à l'usage des compositeurs, par J.-L. Francœur; nouvelle édition revue et augmentée des instruments modernes par M. Choron. *Paris, 1812;* in-fol. — 7° Méthode d'accompagnement selon les principes d'Allemagne, par Albrechtsberger, etc.; trad. de l'allemand. *Paris, Gaveaux, 1814.* — 8° Méthode élémentaire de composition., par J.-G. Albrechtsberger, etc.; trad. de l'allemand. *Paris, Ve Courcier,* 1814; 2 vol. in-8°. — 9° Syllabaires et tableaux élémentaires de lecture en usage dans les écoles d'enseignement mutuel. *Paris, 1815.* — 10° Méthode concertante de musique à plusieurs parties, d'une difficulté graduelle. *Paris, 1815;* gr. in-8°.—11° Exposition de la méthode concertante de musique; une 1/2 f. in-4°. — 12° Méthode concertante et transcendantale de musique, etc.; 2° éd. Au bas de la page 343 se trouvent ces mots : « Fini le 31 mars 1802. » Il y a eu différentes éditions de cet ouvrage dont le titre a subi également plusieurs modifications. — 13° Méthode de plain-chant, autrement appelé chant ecclésiastique ou chant grégorien, contenant des leçons ou les exercices nécessaires pour parvenir à une parfaite connaissance de ce chant. *Paris, L. Colas, 1818;* petit in-4°.—14° Exposition élémentaire des principes de la musique, faisant suite à la méthode concertante; 1819. Le prospectus seul a paru en une 1/2 f. in-8°. — 15° Solfége harmonique, offrant une série méthodique d'exercices d'harmonie à quatre voix, pour un maître et ses élèves; le prospectus seul a paru, 1/2 f. gr. in-8°; 1819.—16° Solféges à plusieurs voix sans basse continue, par Crist. Caresana, organiste de la chapelle royale de Naples ; 1819. — 17° Méthode concertante de plain-chant et de contre-point ecclésiastique. *Paris*, 1819 ; petit in-4°. — 18° Instruction abrégée sur l'organisation et la conduite d'une école de musique, solfége et chant. *Paris*, 1819 ; 1/2 f. in-4°. — 19° Méthode concertante élémentaire de musique à trois parties. *Paris*, 1820; in-4°. — 20° Cours élémentaire de musique, solfége et chant. Cet ouvrage, publié par cahiers, petit in-4°, comprend des « Solféges élémentaires contenant les premiers exercices de la lecture musicale, à l'usage des commençants », et trois « Recueils de chants agréables et faciles, extraits des œuvres d'Haydn, Mozart, etc. »; le premier à une voix, le deuxième à deux voix, et le troisième à trois voix. *Paris, l'auteur*, 1820. — 21° Méthode concertante élémentaire pour la musique et le plain-chant à trois parties, etc. ; gr. in-8° (antérieure à 1825). — 22° Méthode de chant à l'usage des élèves de l'école royale de chant. *Paris*, 1821 ; in-4°. Le premier cahier seulement. — 23° Le Musicien pratique, ou leçons graduées qui conduisent les élèves dans l'étude de l'harmonie, de l'accompagnement et du contre-point, ... par Fr. Azopardi, etc. ; trad. de l'italien et mis dans un meilleur ordre par A. Choron. *Paris*, 1824 (1); in-8°. Cette édition est préférable à celle de Framery. Nouvelle édition donnée par M. Nicou-Choron, en 1836. — 24° Ecole pratique d'orgue, méthode transcendante, par Ch.-H. Rinck; traduite par M. Choron. *Paris, s.d.* (1828); in-fol. obl. — 25° Méthodes d'harmonie et de composition, à l'aide desquelles on peut apprendre soi-même à accompagner la basse chiffrée et composer toute espèce de musique, par J.-G. Albrechtsberger. *Paris, Bachelier*, 1830 ; 2 vol. in-8°. C'est la réunion des deux ouvrages mentionnés plus haut, avec quelques additions, d'après l'édition du chevalier de Seyfried. — 26° Gammes simples, doubles et triples dans tous les tons majeurs et mineurs, doigtées pour le piano-forte, etc. *Paris, Leduc*; in-4°. Il y en a deux éditions. — 27° Théorie des intervalles de musique ; 6 p. in-4° (Extrait de la *Revue musicale*, n°s 11 et 13, 1832). — 28° (Œuvre posthume) Manuel complet de musique vocale et instrumentale, ou Encyclopédie musicale : 1re partie. *Paris*, 1836; 1 vol in-18 ; 2e partie, *id.*, 1838 ; 3 vol. in-18 ; 3e partie, *id.*, 1838 ; 2 vol. in-18. Cet ouvrage important a été achevé, ainsi qu'on l'a déjà dit, par Ad. de La Fage.

2° Publications historiques et rééditions d'œuvres anciennes. — 1° Collection générale des œuvres de musique classique, publiée par livraisons à partir de 1806. *Paris, A. Leduc*; in-4°. — 2° Collection des pièces de musique religieuse qui s'exécutent tous les ans à Rome durant la Semaine-Sainte dans la chapelle du Souverain Pontife. *Paris, A. Leduc*; in-4°. —

(1) Il doit y avoir une édition antérieure à celle-ci, parue en 1818.

3° Notices françaises et italiennes sur Leo, Jomelli, Pierluigi da Palestrina et Josquin Deprès ; annexées aux livraisons de la « Collection générale des œuvres de musique classique. » — 4° Dictionnaire historique des musiciens, artistes et amateurs, morts ou vivants, etc. *Paris*, t. I, 1810 ; t. II, 1811. (La plus grande partie de cet ouvrage est due, comme je l'ai déjà dit, à Fr.-J. Fayolle.) — 5° Bibliothèque encyclopédique de musique , contenant des notes, recherches, dissertations, etc. 1814 ; 1/2 f. in-8°. Il n'en a paru que le prospectus.

3° Écrits divers. — 1° Considérations sur la nécessité de rétablir le chant de l'église de Rome dans toutes les églises de l'Empire français. *Paris, Courcier*, 1811 ; in-8°. — 2° Rapport présenté au nom de la section de musique et adopté par la classe des Beaux-Arts de l'Institut impérial de France... sur un ouvrage intitulé : « Les vrais principes de la versification , etc. » (d'Antoine Scoppa). *Paris, F. Didot*, 1812 ; in-4°. — 3° Rapport fait à la classe des Beaux-Arts de l'Institut impérial de France sur un manuscrit qui contient la collection des traités de musique de J. Le Teinturier (Tinctor ou Tinctoris). *Paris*, 1813 ; in-8°. — 4° Observations sur le Conservatoire de musique de Paris, dans lesquelles on démontre les vices de cet établissement, et où l'on propose les moyens d'en améliorer le service et d'en diminuer les dépenses. *Paris*, 1815 ; in-8°. — 5° Motifs d'éligibilité présentés par un des candidats pour la place vacante à l'Académie des Beaux-Arts de l'Institut royal de France, section de composition musicale. *Paris, imp. Ducessois ;* in-8° de 12 p. (1830). — 6° Considérations sur la situation actuelle de l'Institution royale ou Conservatoire de musique classique, et sur la nécessité de rendre à cet établissement les moyens propres à lui faire atteindre le but pour lequel il a été créé. *Paris, imp. Ducessois*, 1834 ; in-4° de 8 p. C'est le dernier écrit de Choron.

4° Compositions musicales. — § Ier. *Musique religieuse, paroles latines.* 1° Corps complet de musique religieuse à trois voix... d'une exécution facile et agréable, etc., avec ce second titre : *Corpus cantus ecclesiastici complectens tribus vocibus*, etc.; collection des œuvres religieuses de Choron, divisée en deux parties : 1° « Livre choral », renfermant l'ordinaire de l'office, en plain-chant harmonisé ; 2° « Livre idéal », formant dix recueils, dont quelques-uns seulement ont paru. *Paris, l'auteur ;* in-8°. Un certain nombre des compositions insérées dans cette collection avaient été publiées d'abord séparément, ou bien l'ont été ensuite. — 2° Messe des annuels et des grands solennels, et *Te Deum* mis en contre-point... à quatre voix, etc. *Paris*, 1817 ; in-8°. C'est la seule livraison parue du « Livre choral de Paris, contenant le chant du diocèse écrit en contre-point. » — 3° Proses des annuels et grands solennels, en contre-point... à quatre voix, etc. ; in-fol. — 4° *Liber choralis collegii S. Ludovici tribus vocibus*, etc., 1824; in-16. — 5° Messe brève, n° 1, en C majeur, à trois voix, sans accompagnement ; *Canaux*, in-8°. — 6° *Canticum B. Mariæ Virginis*, n° 1. en C, id., id., *id.*, id. — 7° *Dominica prima in adventu*, messe détachée du *Proprium de.tempore.* — 8° *Dixit Dominus*, à quatre voix, avec basse continue. — 9° Id., à trois voix, sans accompagnement. — 10° Id , à quatre voix, avec basse continue. — 11° *Beatus vir*, id., id. — 12° *Magnificat*, id., id. — 13° *Laudate Dominum*, à quatre voix, solo et chœur, id. — 14° Quinze motets à trois voix, sans accompagnement. — 15° Salut du St-Sacrement, contenant les strophes et antiennes en l'honneur du St-Sacrement et de la sainte Vierge, mis en musique à trois voix égales. *Paris*, 1818 ; in-8°. — 16° Motets au St-Sacrement, à une ou plusieurs voix, avec orgue. — 17° *O Salutaris*, chant choral à quatre voix, avec orgue. — 18° *Ave Verum*, à trois voix, avec orgue ; *Choron ;* in-4°. — 19° Les quatre antiennes à la sainte Vierge, à une ou plusieurs voix, avec orgue ; *Canaux*, obl. — 20° Motets à la sainte Vierge, id. — 21° *Sub tuum præsidium*, à deux voix égales, en canon, avec orgue ; *Choron ;* in-4°. — 22° *Stabat mater*, à trois voix, avec orgue. — 23° Hymnes pour toutes les fêtes, composées suivant la tonalité grecque, en chants rhythmiques, conformément au mètre de la poésie ancienne. — 24° *Sacerdos et pontifex*, motet à quatre voix, avec orgue. — 25° *Lætare Theresia*, id., id., etc., etc. — § II. *Musique religieuse, paroles françaises.* — 1° Choix de cantiques mis en musique, à trois voix. *Paris, Choron ;* in-8°. — 2° Traduction en vers du *Stabat*, à deux voix, avec orgue. — 3° Chant choral, à quatre parties, en usage dans les églises d'Allemagne. *Paris*, 1822. (C'est le livre choral d'Umbreit, sans les paroles). — § III. *Musique profane.* — 1° Collection de romances, chansons et poésies mises en musique. *Paris, Leduc*, 1806 ; in-8°. « Parmi ces romances on remarque *la Sentinelle*, dont le succès a été populaire. » Je compléterai cette indication bibliographique, empruntée à Fétis, en disant que *la Sentinelle* a été également insérée dans le *Journal hebdomadaire de pièces de chant de tout genre*, publié par l'éditeur A. Leduc, 36ᵉ année ; in-4°. — 2° Récréations lyriques, ou choix d'airs connus, arrangés à quatre voix, avec basse continue. — 3° Les Triomphes, strophes pour la distribution des prix, à une ou plusieurs voix, avec piano ; etc., etc.

Choron a publié, de 1827 à 1831, avec la collaboration de sa fille et de son gendre, M. Nicou, le *Journal de musique religieuse*. Il avait été associé, en 1812, à la rédaction du *Bulletin de la Société d'encouragement pour l'Industrie nationale.*

Comme ouvrages commencés par lui, non achevés et demeurés inédits, nous pouvons citer la traduction du *Gradus ad Parnassum*, de Fux, dont une partie, il est vrai, a été refondue dans le livre IV du *Manuel de musique vocale et instrumentale*; une autre traduction, celle des traités de Tinctoris et de son *Terminorum musicæ definitorium*; enfin l'*Introduction à l'étude générale et raisonnée de la musique*. La Bibliothèque de Caen possède un manuscrit de Choron, intitulé : *Mémoire sur la situation actuelle de la musique religieuse, et sur les moyens d'en opérer la restauration*; c'est un exposé de l'état déplorable dans lequel se trouvait alors la musique d'église ; l'auteur propose d'y remédier par des moyens qu'il s'est chargé lui-même de mettre en pratique.

INDEX BIOGRAPHIQUE.

Ainsi que je l'ai dit au début de ce travail, on a beaucoup écrit sur Choron ; en dehors des articles de journaux et de revues, desquels il serait à peu près impossible de faire le relevé exact, voici l'indication des principales notices le concernant : 1° Autobiographie, dans le *Dictionnaire historique des musiciens*; elle s'arrête à 1812. — 2° Notice, dans la *Biographie portative des contemporains*, allant jusqu'en 1827. — 3° Id., par Fétis père, dans la *Biographie universelle des musiciens*. — 4° Id., par Fayolle, dans la *Biographie générale* Michaud. — 5° Id., par D. Denne-Baron, dans la *Biographie générale* Firmin Didot. — 6° Id., dans le *Biographe et le Nécrologe réunis*, de 1834. — 7° *Duprez, sa vie artistique, avec une biographie authentique de son maître Alexandre Choron*, par A. Elwart. Paris, Magen, 1838; in-16. — 8° Article biographique par F. Ratier, dans l'*Encyclopédie des gens du monde*, t. V. — 9° Id., par J. Travers, dans les *Mémoires de l'Académie de Caen*, 1842. — 10° *Éloge d'Alexandre Choron*, par L.-E. Gautier. Paris, Derache ; Caen, A. Hardel, 1845 ; in-8°. Cet éloge a été couronné au concours ouvert par l'Académie de Caen, l'année précédente. — 11° *Éloge de Choron*, par A. de La Fage. — 12° *Notice historique sur Choron et son école*, par H. Réty. Paris, Douniol, 1873 ; in-8°. Citons encore parmi les écrivains qui se sont occupés de Choron : Jules Janin, le docteur Descuret, J. d'Ortigue, G. Duprez, Laurentie, etc.

Nous ne saurions dire où se trouve à présent le buste original de Choron par Elschoecht, duquel nous connaissons deux copies en plâtre. Il nous serait aussi difficile de citer un portrait peint, gravé ou lithographié du maître. Au moins, grâce à l'initiative prise par la Société des Beaux-Arts de Caen, l'œuvre de Mme Jacquier existe-t-elle comme un témoignage public d'admiration envers ce courageux soldat d'une noble cause : la cause de l'art.

Deux rues portent aujourd'hui le nom de Choron : l'une dans sa ville natale, l'autre à Paris.

Caen, Typ. F. Le Blanc-Hardel.

www.ingramcontent.com/pod-product-compliance
Lightning Source LLC
Chambersburg PA
CBHW061716060726
47597CB00006B/2400